COROLARIOS

Mario Ramírez Méndez

COROLARIOS

La Candelaria

Ediciones Homagno

EDICIÓN: Rafael Almanza Alonso.
DISEÑO INTERIOR: Mario Ramírez Méndez y Jorge Luis Porrata
DISEÑO DE CUBIERTA E ILUSTRACIONES: Jorge Luis Porrata

Agradecimientos a Daniel Morales y Luis Carlos Hernández

ISBN-13: 978-0-578-53095-6
ISBN-10: 0-578-53095-3

La Candelaria es un esfuerzo para rescatar a la Bella Dama de la política, la moda y el mercado.

Ediciones Homagno

www.homagno.com
editor@homagno.com

COROLARIOS

A mis hermanos en la Poesía.

CORRESPONDENCIAS

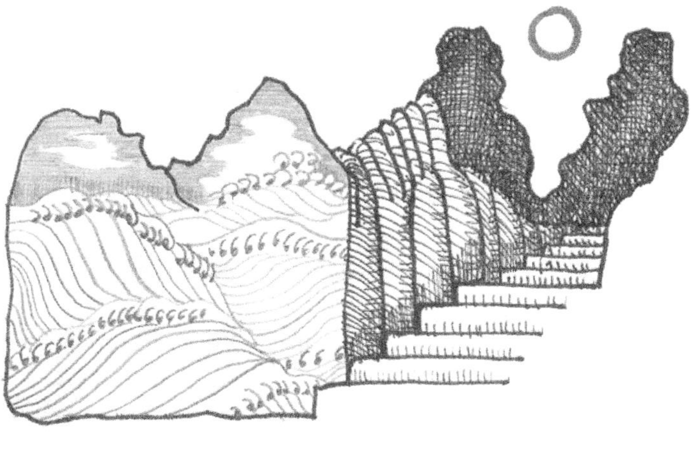

1

Mis ojos son dos piedras
abiertas en la noche.

Mis ojos fueron polvo,
gestación de los años.

Mis ojos cincelaron
el desvelo y la risa.

Carcomidos de luz
y de sombra en el llanto.

Mis ojos son dos fuegos
y mis entrañas arden.

2

Mi lengua es de sal
para cantar con los océanos,
y todo lo que soy
tiene el sabor de las arenas,
y la profundidad callada
que alcanzo con las yemas de los dedos.

3

Un hombre corta hierba contra las enramadas de la aurora,
el sol lento se eleva en su diaria tarea.

Mientras el hombre corta la hierba, el sol tala las sombras
en la baja mañana.

El sol devela los incendios matinales, calienta el blando
corazón del hombre.

Mientras desciende lento sobre la tierra dura, el hombre
sube con yerbajos y piedras hasta el astro.

4

El mar, y al lado del mar, la montaña,
su compañera telúrica.

El mar para ceñirnos en su plenitud inabarcable.
La montaña para acercarnos hasta el cielo.

La montaña. hecha de piedras y caminos
y el mar ciñéndola, golpeándola…

Por el mar te hundes.
Por la montaña subes.

La montaña
y al lado de la montaña
el mar
recién caído del cielo.

5

En la ciudad, las estrellas se ven más lejos, y las nubes
giran violentamente sobre las puntas de los edificios.

En el campo se puede sopesar a las estrellas, medir la
longitud exacta de una nube entre las cumbres afiladas.

Ciudad y campo, bajo un mismo cielo abajo, y estrellas
y nubes sobre la tierra idéntica, allá arriba.

Para borrar la división, hay que vivir en una nube,
mirando con violencia hacia la tierra,

o perseguir a las estrellas, ¡tan lejanas!, en la profundidad del
cielo.

6

“Desconfía de las palabras” —le oí decir al agua
de la fuente.

Y hallé en sus ondas la verdadera poesía.

“Desconfía de la música del agua” —le oí decir
al barro del fondo de la fuente.

Y la poesía brotó del poso sucio de las aguas, clara.

“Desconoce la propia fuente, la imagen reflejada”
—me oí decir frente al espejo de las aguas.

Y la poesía, hecha acto, rompió en mil trozos el espejo.

Caminé por la fuente, con las manos vacías,

Y los fragmentos de mi ser cantaban:

“La poesía es el Yo.
El poema es el Tú.”

7

El mundo es otro mundo en la pintura,
y el pintor otro Dios.

Dentro de cada cuadro el universo rompe
su tela primigenia.

El universo es falso, solo existe
en el rectángulo real.

Y el espíritu clama en la materia
que hace crujir el centro.

La mano del pintor urde en silencio
los bordes infinitos.

8

Amo la voluntad que en la penumbra quiere arreciar hacia la luz.

Amo el racimo de entusiasmo en cada palmo de mi tierra que va a parar al cielo.

Persigo lo que indaga por sobre lo que encuentra.

Cada planta que busca sin encontrar jamás
sobrevive mejor, mucho más plena.

Y al fin y al cabo, la plenitud, ¿de qué nos sirve?
¿estamos llenos en el todo?¿satisfechos?

¿Es suficiente la oscuridad del cielo para amarnos con entusiasmo?

Detesto la respuesta que olvidó la pregunta, y en la penumbra donde ignoro mi voluntad sigue arreciando hacia la luz que amo.

9

Todo el día el mismo
dolor de cabeza, oh Palas
Atenea.

Todo el día naciendo
de mi frente

(como nace una tarde
de las manos de Dios)

o como se suceden
los días y las noches.

Así suceda a mi vida
—y mi muerte—
el pensamiento tuyo.

10

Una estrella es un temblor de Dios.
Así como los versos del poeta,
¿te atreverás a manejar la gubia
que hace temblar el alma
y la devuelve hasta su imagen pura?

Un poeta es un temblor de Dios.
Así como las estrellas,
¿modelarás el cielo con un fulgor infinito,
inmensamente tuyo?

Porque todas las cosas que conmueven a Dios:
los versos del poeta, la luz de las estrellas,
la oscuridad del cielo y de las almas...
aguardan igualmente, infatigablemente,
ese temblor.

ADVIENTOS

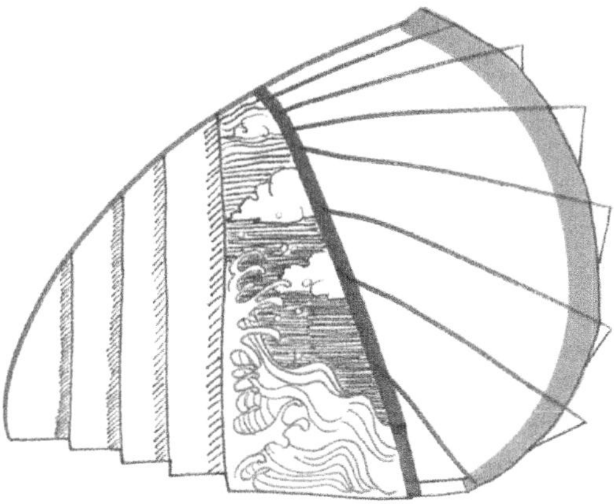

I

CUADERNO DE NOVIEMBRE

ASCENSO

Asciende hasta la fuente silenciosa
donde mana la vida, alcanza
esas aguas profundas del arroyo
interior, las abiertas
grietas por donde fluye esa tu sed.

Asciende hasta la fuente silenciosa
como la frialdad de las estrellas,
siente el torrente ígneo de sus voces
tiritar en tus labios cuando bebes
de su copa sagrada, de sus piedras.

Asciende hasta la fuente silenciosa
y desciende a la vida con un grito.

ELECTO

A Rafael Almanza

Elígeme para la Vida, muchacha de mis ansias.
Elígeme, hermano de la Vida, para el ceñido abrazo.
Padre, que a bordo de mi vida te desbordas,
hazme electo al camino de la Vida.
Hazme morder, Señor, el polvo luminoso de la muerte,
cuando hasta la última pericia de mi ser, barrunte
en lo que soy
y logre definir, con las variables del Amor,
la plenitud de la existencia.

Entonces sí, en ese espacio único y total, elígeme,
peor enemigo,
para mostrarte el rostro saludable
con que aguardo tu odio.

ARCANO

Nací en el alba. Vi el solsticio pleno
de los meses frutales. Como un fruto
del árbol de la Vida, que tropical y uno
se elevaba en mi frente. Era su sombra
anunciando mis noches, las nupcias
del espacio vital de mi desvelo
con los días de sol, amor y mundo.
Vi pasar el arcano sobre el mar
y su visión llameante me quemaba
los párpados; y ciego transité
por las regiones donde la luz rehúye
del flébil y el oscuro, y ama al fiero
que triturando estrellas blande un lirio.

En el verano, la promesa
como un reflejo en su interior. Vehemente
de un cuerpo a otro: mi inmutable alma se despedía.
Sentí el fragor de seres a mi lado,
marchando junto a mí, con idénticas
piedras de un mismo paso, iguales ruinas
deshaciendo y rehaciendo los tejidos.
La conectividad de mi sonrisa
era una cítara del mes de junio.

Nací en la plétora de los instantes
bullendo hacia la aurora como seres
de inmarcesible lejanía, siendo
y afianzando el destino en el torrente
de la luz y el misterio que nos flecha,

¡Un arco que nos tensa de imposible:
Vida!

VOLICIÓN

Venero de mi ser, dulce albedrío
convocándome al gesto y a la audacia
de la eterna aventura del deseo.
He aquí el fuego de estar, en los desnudos
intersticios callados de mi cuerpo;
sus mutismos fragantes en la alegre
gestación del rocío dan un grito.
Mi insaciable proeza en la ignominia
y mi hazaña en los nudos de la hora
—contra el duro silencio la armonía
de mis huesos y músculos y el acto
de abarcar el espacio con los ojos—
me conducen al sueño y a la noche
y al insomnio de amor como un incendio:
cada sílaba anuncia nuevas llamas,
me examino las carnes, el elíxir
de mi gloria inauguro con anhelo.

INVIERNO

Estos días sin sol, sin un edicto
de la luz habitándome, fulgiendo
en mi sangre los depurados astros;
elevándome al núcleo de la dicha,
madurando en la lluvia como un fruto
de sabor inmortal —hiede la tierra
a raíz saturada y flor y cieno—
y en mi piel caen las hojas como frondas
de estaciones lejanas. Soy electo
para un recio ofrendarme al centro oscuro:
beso el musgo en la piedra, me contemplo
abrazando esta sed. Noviembre pasa
y mi cuerpo tendido en el milagro
siente erguirse en los músculos la vida.

JARDÍN

Toda mi vida en el jardín, un solo día
en que el cieno me envuelve la mirada,
en que el lago de espejos de negrura
en los ojos de musgos se me hunde,
y otra vida transida de silencio
emerge al humo verde de mi vida.

Un día solo en el jardín, un solo
día del canto en la garganta arbórea
que en cada rama del espacio cruje,
hebra sonora que revienta, o ave
sin alas ya para batir mi nombre.

Toda mi vida —un día— en el jardín
con tu cuerpo tendido por la yerba.

II

VIGILIAS

DAEDALUS

En mis desvelos de la noche gnóstica, abro algún libro apócrifo para encender la pitia del sentido y te descubro soslayando mi exquisita vigilia, como para lanzarme hacia algún abismo de la misma noche, herido por mi ingenio de lacerar la espina de la playa y convertirla en sesgo de maderos, donde la eternidad del pescador hace su choza, su cabaña frente al mar, libre del laberinto que erigiste para cumplir la fe de los oráculos.

Ahí bate el viento tu taller de alas, sosiego de tu hijito recogiendo las plumas que se escapan. Amalgamas la cera con los hilos y hacia la medianoche detengo mi lectura por una consonante que no suena, es el recuerdo de tu destierro ahondando como un pozo el que me deja mudo, tu muerte entre el vapor de las doncellas que untan aguas quemadas por el inquietante recorrido de la hormiga en la espiral del caracol, la misma que en tu historia enhebraba la abscisa de los genios y la evasión más lúcida.

Pero he aquí que se congela mi caída en la proporción áurea del vacío, instante en que las letras se convierten en alas. Por el ojo de un vidrio observo cada sustancia atómica de una materia que se prolonga indefinidamente. Yo mismo me prolongo indefinidamente; me adhiero a la materia con fuerzas infinitas. Después de la eclosión del cero y su familia de números astutos que sucumbieron a la Nada, da inicio tu captura desde el cero del toro al litoral en calma que te acoge como un alfil siciliano en la variante del flamígero.

Allí estás. Tu mirada evangeliza los instintos. Entre la majestad de haber unido a la bestia y a la mujer madura en la audacia del fieltro y la madera. Tú mismo eres petrel enlazando moluscos y crustáceos con la boca: la carcacha de la penetración y el primer toro picassiano, de voluptuoso brío para ensartar su aguja en los destinos. Y pones, sin embargo, tu ofrenda en los caudales de la hora, oh parricida. Tu creación será tu maldición, tu telegrama délfico. No como Aquiles, que urdió su sangre en oro, tú escoges la broncínea nave de los años, para seguir alzando la copa del suplicio ante otro gobernante, rodeado por un dios más cabal que la tierra, adentro de una ínsula pateada por la bota…

Hacia el final descubro la mentira, tu usurpación eólica no ofrece más que un velamen, tu lectura es un ciclo donde arroja la fuga algo minúsculo, ¿acaso nada es cierto? En la balanza el método matemático deja caer tu hipótesis movida por el sueño. El sol envuelve en lava las órbitas que llegan. Sobre la madrugada un gallo canta, anuncia el perigeo, donde tu nombre oculto no responde.

ADOLECER DESNUDO

, con el sexo cubierto de algas y anémonas, en dirección al Sol, como una aguja magnética que persigue el movimiento de lo divino, el ciclo de los astros anudando los días en mi cuerpo, sobre la piedra, inmóvil, floreciente; una vellosidad cunde mi cuerpo y lo oscurece, una fragancia me destila fundiéndose en el viento del salitre, extrayendo mis heces del musgo y la arenisca, mutilando la sed, el hambre, el asco, el vértigo, la espera contenida en los labios, en los ojos, en los párpados quemados por un mismo horizonte, cansados del cangrejo que circunda mi ombligo, hartos de la gaviota, del albatros, del cardumen plateado que hostiga la planta de mis pies hasta la asfixia; mis talones sobre el lecho del mar sin poder dar un paso, sostenido en el aire me invaden las visiones, sueño que cruzo el mar silencioso, tranquilo, apagado, traslúcido, clavo mis ojos en el fondo y veo mi imagen, mi rostro despiadado y sucio, mi boca que comienza a entreabrirse para decir una palabra que no escucho, esta sangre que mana de mi oreja y me cubre con una línea meridional sobre la espalda, en la hora en la que cientos de bañistas ensayan el Amor, embriagados por la estatua de mi Ser, que adolece desnudo…

RUNAS

Estamos hechos de palabras, y nos rodean las cosas, que están repletas de palabras, y en nuestros huesos hay palabras, como en aquellas piedras —quizás también algunos huesos, que tiñó con sus signos imprecisos un inefable dios ¡Esas runas! ¿Qué dios mudo las hizo? ¿Qué dios invirtió el orden del gran dios? Primero el verbo, luego la luz, luego las cosas. El primer hombre luego, y mil años después, el primer dios. El primer hombre para nombrar las cosas con palabras que jamás escribió. Todo era aún del verbo; cada cosa cantaba bajo el ensueño de la luz ¿Y la palabra? Estaba allí, como un embrión dentro del hombre-dios, tal vez inscrita en aquel hueso del que surgió la mujer-dios. Latía allí, como otras cosas más latían, como un mal necesario, por ejemplo, como la libertad de oír al malo, por ejemplo. Y así brotó, por fin, esa palabra, se escribió con la sangre de la procreación, sobre una piedra en las afueras del Edén ¡El primer signo! ¡La primera palabra del escriba! Por los siglos quedó grabada esta palabra que era como el aleph de la Creación, y que los hombres denominaron mágica, divina ¡Divino era el origen, sí! Pero profana la palabra. El claro desalojo de su piedra en las orillas. Luego vino aquel tonto que pateó ese fragmento de los dioses, y de aquella palabra, indescifrable y ecuménica, suspendida en el aire en recia mole, se irguió un gran templo luminoso, construido tan solo de palabras. Y la palabra se hizo verso. En los pies del poeta, ese gran distraído, la piedra echó raíces, y las raíces se encaramaron en las nubes. De las palabras nacían ahora las cosas: el poeta es como Dios al revés: no crea nada, y su palabra echa raíces en las cosas, y las raíces se convierten en alas que van a dar al cielo, como sucede con el canto enigmático de un pájaro. El poeta, ese tonto, escribe sobre las piedras —a veces en la arena— y su palabra se convierte en un templo, y el templo es como ese cuerpo que nació de la unión de los amantes: su palabra sangrada, procreada. Como un hijo del inefable dios, que urdió las runas iniciales sobre la piedra muda del comienzo, el poeta comienza, urde sus runas día a día, y sangra, sobre la piedra sangra, ofreciendo su cuerpo, su templo entero de palabras, al sacrificio del poema. Estamos hechos de palabras, y nos rodean las palabras como cosas que están repletas de nosotros: esa simple palabra. Y así el poeta muere en cuál orilla, qué muerte absurda sobre la piedra del poema, para llegar, al fin y al cabo, a su destino: ese silencio en que no quedan ya palabras.

LOS CIEGOS, LOS UNÁNIMES REBAÑOS

Poveda

Tan presuntuoso como un poeta modernista, tan elevado y tan ególatra, me he subido a estas dos moles de mi patria, estas columnas de fuego y piedra derruidas que son las ruinas de mi patria, y he visto pasar las huestes vagarosas tras el fatídico ideal de sus tiranos. Ni el behemot que asomaba su cabeza, ni el leviatán de cuerpo entero sobre el mar espumoso, han disuadido de su marcha al pueblo idólatra. Pasan sin luz sobre las llamas del abismo, sordos a nuestros gritos de esperanza, los cuerpos como sombras putrefactas de una raza de hombres desvariados y mudos. Si abren la boca el vaho de las mentiras los inunda, y un bostezo de siglos los aplasta. Caminan, sin más, semidesnudos, hambrientos, como recién venidos de escudriñar las selvas de la patria, y frustrados avanzan por sus calles sin nombres, otra vez hambrientos y desnudos en su elección unánime. Ciegos nos vigilan, fustigan nuestra sangre. Sus laudes y vítores insomnes se ahogan en el mar como las mieses del horror, y ante tanta violencia, el saurio agacha la mirada y el ave de la insignia se despluma. Estas funestas masas de héroes lapidarios, que entran al camposanto de la historia donde dispútanse los huesos de una gloria gastada, se avalanchan como jauría tumultuosa tras el can de formidables dientes asesinos. La aparición de esa figura fáustica les sobrecoge el entusiasmo, y nuevamente es el rumiar de los rebaños en la desoladora noche de la Patria. Pero he aquí que los contemplo desde mi sitio inmóvil, y siento palpitar el corazón amante de los justos en la tierra que encumbra estas pilastras. La tierra que es su herencia arrebatada por el designio sanguinario de los pueblos: el renacer del polvo bajo la coz hiriente de las bestias. Domeñado por el odio, un hermano cruza contra el otro la bala o el machete, y fertiliza nuestro suelo la encendida simiente de su sangre, por donde pasa luego la multitud enardecida, entonando sus sones infernales, al tiempo que lo escupen sus salivas ineptas, y sus gastadas jarras vierten la amarga decepción sobre el sagrario de la víctima…

NOCHE DE SAN JUAN

Praxíteles pronuncia las estatuas en el sueño que no adelgaza a los amantes ni alquitara las sentencias de la noche insidiosa sino que fija las fibrillas del dolor con punzadas en el mármol de los ríos que navegan. Los cuerpos que escapan entre gritos de piedra se miran sienten correr el agua de sus manos cinceladas en lo negro del llanto. Corren por la explanada de la noche perseguidos y fríos en la recién cortada imagen del destino sin un destino aún para sus sombras vuelan hacen sonar clarines de las legiones olvidadas del amor y las tinieblas de la piedad más prístina. Pero el artífice entona algo más que un bemol arranca con veloces aullidos con ríspidos bostezos de faz encarnizada las últimas promesas de la víspera. Entonces la memoria transita por los días con efluvios de esculpido sosiego y calma traicionera como si el lago o el espejo devolviera a sus rostros el pensamiento refractado. Es el comienzo lo que augura la sacudida y el ultraje no el forcejeo de sus cuerpos tendidos como vísceras al odio ni el alimento que enemista a este día con los días que preceden ni la sangre azulada del que canta una loa a sus proezas y se tiende en la niebla a observar sus pisadas su fuga. Los movimientos expectantes de los perseguidores de su imagen instantes de cinema y aliterado abrazo en las distancias recorridas son el retorno hacia la cárcel de la infancia hacia los yacimientos de excavada nostalgia que aproximan. Se besan se mutilan fragmentos de una entrañable lucha con la arcilla que les forja los labios hasta ceder al fin entre la noche espuria con sílabas y dientes y con mil ojos en la bandeja roída donde el ser decapitado los ampara.

PORTENTO

Tu llegada arreció la puerta con un estruendo de exultante vigor. Sentí tus pasos que aceleraban en el torrente de mi corazón, empujando la sangre hacia un oxígeno asfixiado en las arterias. Me llamaste por mi nombre y me pediste que te siguiera a afuera. Un hálito de luz te corría por el rostro. Te seguí por el litoral del muro hasta trepar al lirismo de la imagen: un zunzún batía sus alas contra las chispas del instante, inflamando la visión hasta quemarnos de belleza. Lo observamos mientras libó, con unánime esfuerzo, la flor. Como un guerrero de la gravedad, su diminuto cuerpo se sostuvo para ofrecernos el milagro.

No pensamos siquiera en besarnos.

III

CANTOS

Mi infancia fue también mi patria y fui
de un lado a otro de la isla, buscando las sentencias de la vida:
así como una almendra escuece sus semillas, plegué mi risa
a la luz árida que el agua quema, pulsando tornasoles
de encendida manigua. Fijé mis ojos en el río dorado, y aún más,
fui calibrando la visión hacia esa estela que allegaba a mi cuerpo
la ansiada oscuridad del mar profundo. Recuerdo mis brazadas,
un día de madurez mis músculos forjaron este esquema,
mi alma rompió las bridas del silencio y en un risco cercano
mi corazón echó a cantar con címbalos su canto.

Era un impulso homérico mi canto.
A mi espalda la sombra de mi patria era una Ilión jurada.
Sentí por vez primera las pautas del deber
y me lancé contra las naves como contra los días;
a un nuevo desembarco opuse un nuevo canto,
y así fueron quedando en la arena los cadáveres
pulverizados por la espada del verso!

Yo fui el cerbero de la playa ardiente.
Bajo el verano tuve mi corona de escaldo.
Allí donde la sangre edificó columnas de antiguo maderamen
me armé de razas varias en la reunión del hombre.

Yo fui el contrito que azulaba las cúpulas convexas
cuando en la tarde de la altura llegaban
ángeles de alma cóncava, en su misión terrestre
de urdir el vino febril de la andadura.

Y siendo ya el ternero de un escriba
fui degollado cada noche sobre la misma piedra.

De mi garganta brotó un verso de esmerilado brillo.
Cada muerte que tuve dio un fruto novedoso.
Hasta que al fin, cansado de morir tomé mi cesta de poemas
y me largué, oh Eneas, a una península más vasta!

DISCURSO FRENTE AL MAR

Sobre las duras piedras de los acantilados, mi voz se alzó:

En mis manos sostengo los terrones,
esta es mi lucha, permanecer tocando el suelo de mi isla,
esta mi fuerza: llegar hasta sus médulas terrestres.
¿Adónde acudiré, sino a los huesos de la patria,
para evocar sus nombres más queridos? No de otra savia
se armarán mis huesos. Voy a sacar de adentro esta simiente
más valiosa que el oro. Solo conmigo lucho,
de pie sobre la tierra, o apoyado en la arena,
trabajo día a día frente al mar,
para erigir un templo hecho de cráneos luminosos.

He aquí que mido siempre las distancias
desde mi cuerpo a Dios. Esas masas de mármol se amontonan
para que yo les halle la dimensión exacta, la arquitectura
justa que las una.
Y al igual que Vitrubio, edifico en mi cuerpo la ciudad de Dios.
Mi arquitectura procreará el imperio de los músculos,
y el de la carne y el de los huesos, y el de la sangre donde pondré
los ríos del Edén. Y echaré a andar los viaductos del espíritu
y las fábricas del alma y de la gloria, para vencer,
siempre vencer ¡he aquí la capital de los imperios!
Mi ciudad será eterna y en la torre más alta
elevaré estas cifras de entusiasmo
¡buscando la perfecta proporción!

ELEGÍA

Amigo Paganini, qué es de la rota cuerda
donde pulsamos juntos la alegría,
donde a mi alma, como a un puerto llegaron
tus mástiles de dedos. La partitura unánime
del gesto que es la vida, nos fue ofrendada
como una copa de ácida virtud
para el racimo dúctil de las manos.
Entre la espuma embravecida nos cantaste
la noria de tus dones, y el mar lanzó sus olas
una tras otra contra el muelle herrumbroso
hasta dejarnos mudos, absortos en tu canto,
viendo caer inmóviles gaviotas hacia el raro crepúsculo
que animas. Tu improvisada fuga
es como un suave vino, un alcohol deleitoso
donde arde la madera de mis naves
—he de formar mi pira en los acordes
continuos de la existencia. Noche tras noche,
de vuelta a la labranza, entre la hosca luz
de quemados atriles y arcos metálicos,
mi corazón buscó tus notas esparcidas
como un polen en la ceniza creadora.

ERGONOMIA DEL VIAJE

La vaca muge en el cristal las horas. Es el relámpago que se levanta de la yerba y examina. Un fuego repetido por mis ojos.

Pradera. Jardín de ceibas. Columnas dóricas. Todo en la misma chispa del instante.

Bajo el sicomoro está el deleite del pacer como bajo el sol el barro calcinado.

Adentro de la piel la válvula se obstruye. Acuden a medirle los metales del cielo.

Con géiseres la lluvia anuncia esta avenida. No el rocío de la fuga ni el balbuceo del camino.

Enloquecen las cabezas de mi júbilo. El heliocentro de mi risa hace temblar las cruces de la enjundia. El aire es un suspiro que se adentra.

Digo al dorsal del puente: ¡vengo a postrar mi juventud en tus laderas!

El río en la memoria del espejo. Mi imagen postergada hace ondular las aguas.

Los pájaros saludan con rapsodias lejanas. Confunden a mi espantosa voz con el céfiro.

Pero soy solo un hombre entre todos los hombres, urdido por el ojo del espacio.

He aquí que me detengo para libar las cifras de mi nombre.

Como un perro que lame los costados del sueño, voy a ungir tus raíces.

Proclamaré la ciencia del exiliado, del desterrado por los dioses, al altavoz como un omóplato infinito.

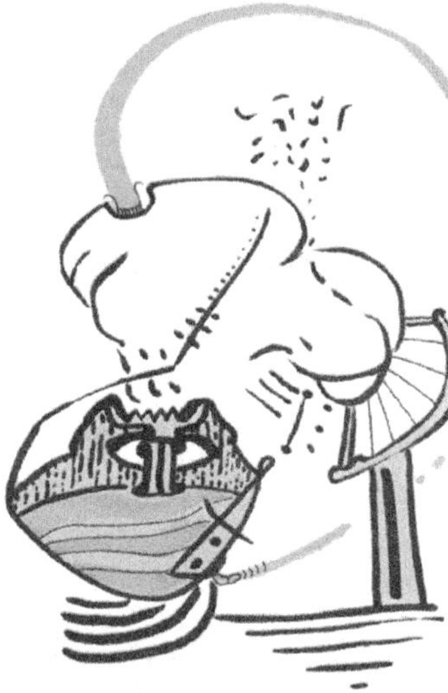

DE LAS PREGUNTAS

¿Cuál es la cifra para el justo Amor,
qué dimensión exacta necesitan,
las sílabas del tiempo, qué fervor,
qué prístinas mañanas solicitan?

¿De qué llama provienen estos cantos,
de qué centro profundo de la Vida
la garganta incinera estos acantos
que crujiendo florecen de la herida?

¿Cómo viene la imagen de la Nada
o del Todo enjundioso de tu frente
a cernirse en la luz de la alborada
donde el ojo, terrible, las presiente?

¿Cuál palabra nos flecha, cuál idea
en la nave del Sueño nos suprime,
y cual súbito espejo nos recrea
con el fósforo hirviente del que gime?

¿Cómo surcan los rayos por tu boca,
acechantes silbidos de locura;
cuál música del beso los provoca,
qué instante del silencio los procura?

¿Dónde debo llegar siempre a la hora,
a qué sitio el reloj se precipita,
esparciendo su arena en la canora
voluntad que mi cuerpo necesita?

¿Quién ha puesto el candil de tu sonrisa
a quemarme en el centro de la duda?
¿Qué linfática vena pone prisa
a la lumbre que adentro nos saluda?

FUNDACIÓN DE LAS ALAS

Salterio del espacio donde huimos,
aún en la posesión de lo terrestre,
hacia una comunión de instante y vuelo,
cansados del nadir bajo los pasos.

Como un anuncio urgente de los cielos,
da inicio la batalla de mi cuerpo
y mi ojo intersecado por la esfera
las notas de sus vítores aclama.

Soltemos las amarras de la gloria
de la fraternidad que nos enlaza,
hermanos que en el ágora habitando
el hilo de la vida doran juntos.

Quiero nacer aquí donde la muerte
es una carga ingrávida que avanza
buscando la extensión de lo que fulge.
Légome con mis alas de entusiasmo!

Adentro una sustancia nos congrega
y hemos de echar afuera todo el verso,
vamos a dominar esta espesura
con cántaros, con cánticos de lluvia.

Aquí pulsa la risa en el costado,
acá la herida canta el hemisferio,
allí se hace redonda la utopía,
mi fábrica de ardides no descansa.

Esta ecuación febril que preconiza,
que arrostra los senderos en el aire,
es de una rama ardiente y olorosa,
es la raíz que pare el horizonte.

Unión es trasgredir viejas consignas
de la contemplación y de asentarse,
lanzar la puja fuera del mercado,
hacia otro sitio ir, por más altura.

Belleza de esparcirse por el orbe
de un diente de león y sus semillas,
el polen creador es fragmentado
para multiplicar su propia dicha.

La greda moldearemos en la nube,
el agua de su mármol aún más frío,
ansia del escultor en el ascenso
que irrumpe a cincelar con la mañana.

Este es un coro de alargar el grito,
de urdir externa la trivial garganta,
un pabellón de voces en la órbita
del sol hará expulsar su luz sonora.

Somos una bandada, una jauría
aullándole a los astros infinitos,
dentro de nuestros huesos talan bosques,
se quiebra una vasija de locura.

Vamos, Ícaro ven, ven tú, perdiz,
vamos, vengan los ángeles caídos.
Una centella crece por lo oscuro.
Hay que foliar el mundo en una página.

El sirgador empuja en el abismo,
abre las jambas lúcidas del sueño,
despierta en sobresalto suspendido
vertebrando la punta de una estrella.

Los fámulos servimos el convite,
juntamos la materia y el olvido,
para que la aventura del planeta
se eleve como un humo transparente.

Así es que el árbol rompe hacia su cima,
cuchara en mano y pluma desmedida,
hay que tatuar las hojas de la especie
antes que venga el tiempo de la espuma.

Zarpar, como Noé, con los binomios,
con cítaras veloces que me guían,
los mástiles son uñas para auparse,
los clavos de mi arca son luceros.

Todo lo que es perpetuo nos limita,
por eso hay que allanarnos en la criba,
ir calibrando el peso del destino
hasta colmar al fin la cuadratura.

Subir, subir y ver con los salitres
el hondo mar que ensancha los pulmones,
vamos a respirar antes del salto
hasta tener galaxias en el tórax.

Voy a estrenar en mí estas moléculas
sobre el carbón que esparce el monolito.
Muro avasallador para mi esfuerzo:
cercéname los músculos intactos!

Gusto de liberar una paloma,
de ver el aleteo de un zunzún,
sentir la sencillez de los gorriones
y celebrar su nido entre las ruinas.

El hombre no equilibra los sistemas,
el hombre es una báscula quemada,
conservación de masa y energía:
hay que permanecer en el espíritu.

Voy a prevalecer pero sin cárcel,
sin bridas luminosas en la noche,
quiero surcar el óvalo hasta verme
el récord de la sangre en los talones.

Siento el clamor de un cirio que se apaga
dentro de lo que somos, y qué somos
sino una tromba que recoge todo,
un vórtice de lava en la memoria.

ODAS AL MES DE JUNIO

Para mamá.

I

Los flamboyanes

En el misterio de nacer hay una luz
como de un hondo abismo pernoctada.
Un olor en la sangre que penetra
las entronadas cepas de los años.
Crece de pronto y sube hasta los ojos
como una lluvia desde las raíces
de la vida. Algún inexplicable
éxtasis borra los sentidos lúcidos,
y en lo oscuro atraviesa con fragancias
ese misterio de nacer en medio de la luz.
Exactamente entonces
como un signo solar los flamboyanes
nos saludan —dentro de la mirada
y el tacto con que palpas su corteza
se aviva el fuego de los nacimientos
y el secreto del día y de la sangre.

II

Loada sea mi ciudad cuando amanece
sobre la grana del verano, fijo
el oro en sus tejados y el prolijo
aroma de humedad de lo que crece.

Loado sea el flamboyán cuando florece
en el solsticio. El canto donde rijo
la verdad de mi ser. El crucifijo
que disperso en las cosas se aparece.

¡Loadas sean las cosas!¡Sí, loadas!
de mi ciudad despierta. Resucita
la vida en esas regias madrugadas.

Loada sea la hora que me cita
y el arcano que inscribe en ti mi sino,
ciudad por donde marcho a mi destino.

III

El pan es alimento soberano
de migajas de luz sobre la mesa,
los fragmentos del ser y su pobreza
proclamada en innúmeros arcanos.

La harina donde juntas van las manos
a su oscuro costal en la nobleza,
la oración taciturna que nos rezan
en la mesa común de los hermanos.

En el horno está el hambre y el tesoro,
las sustancias del ser indivisible
con que cuecen finísimos los oros

de las migas: la lámpara apacible
arde lenta en las ascuas invisibles
de las tablas del sueño y el azoro.

IV

Tú estás en la materia silenciosa
que espera por mis manos junto al fuego
y estás en el recuerdo de aquel juego
dormida entre la luz de alguna cosa.

Tu estar es un no estar, única rosa,
oculto son y aroma al que me entrego.
Posees el secreto de mi ego
y me descifras: música grandiosa!

Afán de plenitud que me vacía
y me invita a crear, pleno de gloria,
tu posesión de luz: el mediodía.

En mis manos percibes el modelo
(hora que se dibuja en la memoria)
y subes por más luz, cerca del cielo.

V

Los salmos de la lluvia están cayendo,
remueven las cenizas a mi lado
donde un rescoldo fulge en lo apagado
y en su candor terrible va muriendo.

Los salmos de la lluvia están cayendo
sobre los frutos de la sangre, leves
se oyen sus gotas en las risas breves
de su interior mojado resurgiendo.

La salmodia del agua que en los cielos
de la voz del salmista se derrama
con un estruendo de ecos y bramidos,

esos salmos que caen desde los cielos
y van al alma donde el ciervo clama
más allá de la noche, en los sentidos.

VI

Del barro de la tierra, el frágil manto
que envuelve así a las formas cuando emerges,
se apuran tus raíces o tus huesos
bajo el sol de las cinco los obreros.

El cieno tuyo en que la flor se pudre
en el alcohol de otoño y de sus hojas
y la canción nocturna de los ebrios
hombres en cuyos ojos arde el cielo.

Los minerales que se queman solos
como por una punta de cigarro
y desprenden el humo de las tardes.

Los labios donde juntas las cenizas
y al fin, la urna en que termina el cuerpo
de aquella esplendorosa primavera.

VII

Las flores

La palabra "saxífraga", pronunciada de pronto, con un sabor de
fruto rojo que se devora al mediodía,
y su espuma blanquísima junto al yerbajo de los campos
abandonados en lo inhóspito.

Las ergástulas verdes de los lirios, donde la carne acrisolada de la
flor, echa jirones de entusiasmo
al renacido canto de la aurora.

Los claveles, donde la rueda ígnea de los días se clausura,
esparciendo un perfume de santidad en el aire.

Las orquídeas trepando a un cielo de magenta,
en que Dios mismo abre los ojos…

En la belleza de las dalias, el oro vivo de las formas.

En la sangre, la flor llameante de la Vida.

VIII

¿Quién mondará la gloria de los árboles
hasta desposeerlos, quién los símbolos
arrancará en la savia de los besos
hasta su pura imagen desbordada?

El flamboyán en junio, ¿no es la imagen
en la sombra del astro que nos mira?
¿El fruto ígneo de su flor no es
la plenitud amante del verano?

¿Quién pisará esas flores de la gloria
muertas de miedo ante la multitud
descomunal del hombre y su tesoro?

¿La vida entera nos alcanzará
para mirar nuestros amargos músculos
pudriéndose en el fuego?

¡Dame más lirios, plenitud!
¡Dame más lirios!
Colma mis manos de oro verde,
de frondas de una luz metálica;
como una selva de oro emerge en mis rodillas.
—yo te he visto, plenitud, belleza,
crecer en mí como un boscaje fervoroso,
como un herraje de la tierra, o el anillo
en el dedo sin fin
                                        hacia la vida
y en el caos sin fin
                                        hacia mis labios.

Púlsame.

ELEGÍA Y OLVIDO

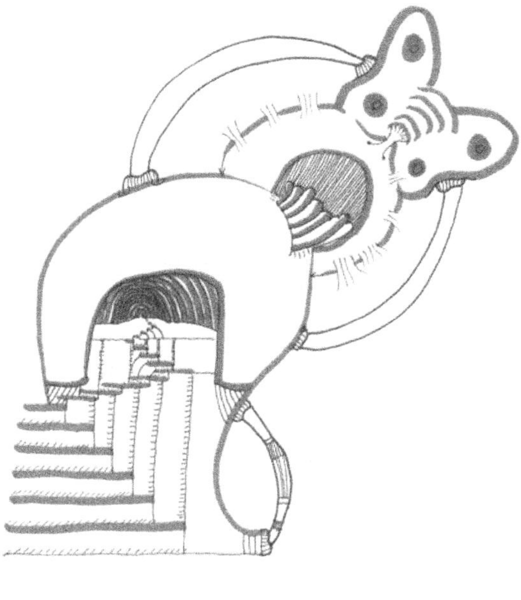

Difícil elegía, pura y difícil como
mi propia vida, ¡escúchame!, mar de mi sangre, viva
ceniza de mis noches, ¡respóndeme ya!, ¿cómo
en los turgentes de oro del corazón se aviva
la llama de qué Dios, de qué existencia pura
eres tú la respuesta? Fulgente eco, aullido
de mi interior, buscas la fuente de la dura
belleza, y solo encuentras la voz de algún olvido.

FRAGMENTOS DE UNA ELEGÍA

Por Samuel Feijóo y Octavio Paz

Los muertos de este día aún no han nacido.
No comen de este sol, no beben de este musgo
que ha fabricado el tiempo en la corteza de las horas.
Los árboles de sangre aún no manan la sombra
de sus conversaciones cotidianas.
Solo tú naces de una hoguera líquida, y solo
como el ámbar del sueño, te pudres en mis ojos.

Abres el muro, y la flor, entre las piedras temblorosa se abre,
¿acaso no es fantástica la primavera petrificada?

Los petroglifos son flores del desierto,
o las flores son letras y signos que se abren.

Los muertos pasean a la orilla de un lago.
Uno blasfema contra Dios, el otro aplaude.
La leche negra de los cielos se derrama
en sus cabezas. Uno vomita la lujuria, otro el espasmo.
En las ramas el viento arquea las sílabas,
el ave vernal engasta el pico de pulidas llamas,
en el espejo verde de las aguas se queman los
recuerdos.

El día se ha tendido como la piel desnuda,
es gris el alba y el mugriento crepúsculo
se desploma en el cielo.

Tengo la carne tatuada de palabras:
tierra, raíces, venas, huesos, uñas, dientes,
fuego, herida, puñal, cráneo, piedra, polvo...

Mastico a ratos el silencio,
a ratos junto los guarismos,
pulo el ombligo de una hespéride,
en su roca me abismo
y me condeno.

La misma yerba que los oyó pasar, aún no ha crecido.
Los pintores que vieron sus pupilas hincharse, están ya ciegos.
El paisaje se ha incinerado y la ola ha quedado
grabada por la brisa.
No hay salitres, ni mar.
Las hojas olvidaron la música del viento.
La progenie de hijas, ahora viejas, quieren nacer
del vientre de sus madres y volver a morir como el relámpago.
Las crestas de las montañas se hunden en la pradera,
el sol muere detrás de las palmas ardientes.
Viene la noche y como un perro voraz roe, lame
los músculos, la madera inservible de unos labios,
el filo de la espada que parte en dos el mundo.
(*Gravita sobre mí la noche temblorosa*)
El silencio se colma con escándalos.
A lo lejos se quiebra un algarrobo, su leño fulge
en el añil herido por el oro.
El Equinoccio ha demorado su llegada este año.
Los animales beben sombra para evocar la negra Primavera
y sepultados por la nieve, sus cadáveres huyen.
La lengua expele pétalos, rocíos, y perfuma el instante.
La rosa llena el ánfora del día con salivas y versos.

Las cadenas arrastran las vigilias
que se rompen en la playa temprano, entre los riscos,
y caen al arrecife
durmiendo el eco de sus vidas.

Solo los muertos pueden saborear la inmensidad
donde los símbolos se ofrecen.
Oigo sus desoídos cantos frutecer bajo una lluvia
densa como el óleo,
un aceite que baja hacia la vida y estalla dentro de la sangre.
Todo lo cubre de belleza, pero mi ojo esplende
la realidad más pura.
Lo más prístino es lo que sin bacterias suelta su valva rosa
y torna a lo grotesco, donde la fealdad recobra
su aureola luminosa, hecha de estiércol y astros
caídos en el pecho.
Allí sepulto la sonrisa y la lágrima, la esencia misma de los míos.

Estoy enfermo, porque esa inmensidad es un peso insostenible
aún para la gloria idéntica de un pájaro o de una
mariposa o de un bacilo incluso.
El sueño aquel arrasador en que mudos quedábamos
frente a la tarde húmeda
y se adentraban las raíces y tosían las gargantas
como alentadas por las plumas de misteriosas criaturas
que devoramos vivas, aún jadeantes de gloria, poseyendo
el oculto significado de sus respiraciones.

Entre la Realidad y Dios,
entre el Destino y la palabra Poeta,
mueren vocablos angustiados,

se hastía el minuto, la fábula se cae
en mil pedazos que componemos luego
cuando los ríos recorridos vuelven su cauce al mar de lava
de la memoria, cuando bañados por el semen y el
sudor y el gargajo
la belleza, esa mujer de ojos feroces y perfumados senos,
se suicida.

Yo no soy yo
y ustedes ya son otros.

Pero el Rostro de todos se quedará lavándose en la orilla.

LAS VOCES DEL OLVIDO

Abajo, en progresiones infinitas, crecen las duras
piedras de mis ojos
eslabonando una mirada que paraliza a los paseantes
bajo la lluvia de las estaciones.
En lo profundo de mi voz el mes avanza,
pasa con paso aletargado, con prolongado gesto de
eternidad en los cristales
para colmar los días que agonizan.
En una copa de virtud el jugo ácimo del día se derrama,
y las almendras de la hora
inician una hoguera en mis rodillas.

¡Ah, báscula quemada de la vida,
equilibrando como una ley solar
la armonía y la nostalgia,
la risa y los adioses,
las puertas y los antros!

Me he quedado a observar este lento transcurrir entre
mis pies,
el credo de las aguas invocando la idea,
discurriendo en los frescos arroyos del verano,
de la inmortalidad del movimiento y el deseo
de un Eros que se nutre bajo la sombra de los árboles.

¿Acaso no eras tú el mismo que decía
que el poema era un hallazgo de las Musas?
¿Que con frotar la piedra se extraían los versos
y uno a uno pasaban como ardientes anillos?

He aquí mis duros ojos, mi cadena de ojos,
magnetizados en el ámbar de las visiones,

abiertos en el lecho del río,
columbrando los peces plateados de la memoria
y al pescador y su hijo que se sumergen y no vuelven
sino con una boya de peces en la punta del sueño.

¡Pude escribir! ¡Pude escribir, Océano!
Y preferí cantar.
Le hablaba a las marismas y los dientes de perros.
Recolectaba el césped del camino.
Las baladas románticas, inglesas, que yo desconocía,
las canté allí, mientras recolectaba el césped
de los crepúsculos y aún el de las auroras
que todavía desconozco.

La fundación de lo real inverosímil en mis manos.

Te amé
y me enseñaste a amar
la orfebrería de la rosa papal de Avignon
y el perfume dorado de las dalias!

¡El olvido!: Las nueces que se rompen en los riscos
como huesos,
las semillas de todo lo vivido;
siempre el olvido para quebrar las sienes de una flor
—la más enferma flor entre los dedos—
arrancada al poema que la sacia;
y el rocío, siempre el rocío que me escupe la cara
de recuerdos.

¡Una mañana ávida del Mundo!
El nacimiento de mis ojos cincelados en la greda
de una playa que esconde sus cadáveres,
recias voces que cantan por los siglos;
otean a través de las cuencas

calladas de mis ojos
y todo el sílice del plectro enloquece las arenas.

Te amé
y sepultaste el odio lejanísimo,
como un fémur tatuado de delicias.

La amapola, blanca como la carne de los días,
alimenta mis lóbregas retinas,
liba el santuario de mi cuerpo con premura,
recorre los anales de mi cuerpo
polinizando las cenizas y el olvido.

Abajo, se sintetizan mis ojos en la sal,
osario de una estrella interrumpida por la lluvia,
cántaro que se rompe de ir y venir desnudo
dragando luz por la existencia al fondo

Siempre!

NOTAS AL PIE

1. EL CÉSPED DEL CAMINO

...of sea or sky, no colors of green fields
Wordsworth

Recolectaba yedras de los muros del sueño;
me desnudaba al viento, el salitre lavaba
mi garganta y los cantos nacían azulados.

Sin los verdes colores de los campos que amaba,
un azul, mar o cielo, una piedra vacía
de elementos sonoros, muda chispa de arenas.

En los musgos de sombras el trabajo se hacía:
era un mirar el tiempo detenido en las olas
y en las nubes la espuma de su inmóvil reflejo.

Por mi boca, en mis venas, en mis dos piernas solas,
la estación de la tarde, el incendio solar,
me arrancaba con uñas y con dientes mi nombre.

Cuerpo adentro los cantos iban a dar al mar.
Dentro de mí había muertos, se anudaba el destino,
con mis manos de tierra fui reuniendo las cosas.

—Recolectaba el césped del camino.

2. DON

Me embebí de los jugos arduos de la palabra,
los vocablos cayendo como gotas impares
en el césped del cielo, derramado en las grietas.

Era un cauce de aguas contenido en mis ojos,
y en la lenta extensión de mi lengua se oía
el rugido violento que ensordece los pasos.

El océano, ausente, sepultaba las voces,
y era un ácimo río, una sed de naufragios.
El omóplato, vivo, se quemaba despierto.

Tú labrabas el ser, la espesura y la arista
daba forma a los fangos, a los lechos podridos,
mientras que en el ladrido de la primera letra
se anunciaban poemas

—desde entonces me habitas.

3. COPA DE VIRTUD

Derramado en tus labios voy sediento.
Una sed de naufragios que me imprime
en el alma su leche de locura,
muda fronda embebida por mis ojos,
lenta cruz, cauce de aguas contenido,
la extensión de mi lengua reverbera:
un incendio de voces vesperales,
de los arduos vocablos en el cieno;

en los lechos podridos de la letra
el omóplato, vivo, se quemaba.
Tú labrabas el ser, la espesura
daba forma a mi ansia, las arenas
de la playa en que el beso trepidante
fecundaba de almendras mis rodillas.
Me inundaba de ti, en ti me hundía,
manantial donde purga la garganta,
agua fría del mármol cincelado,
aspersión de la sangre en la memoria.
Por ti cruzan, desnudos, los sintagmas,
los atletas del canto en las raíces,
las pluviales palabras de los ríos,
arrastrando las nueces de mi dicha.
Arrojado en el ámbar silabeante
de la noche, la ola detenida
frente a mí como un cuerpo de escritura
en la savia tatuada de mis huesos,
altavoz de sibilas, el aullido
de la copa vidente, melodiosa,
que en los ácimos líquenes del barro
habitándome está, amable don
de insaciable fulgor, virtud amada.

TÁLAMO

A Yanela Izquierdo Torres

Más vasta que la noche
enterrada de astros,
tu pradera, tus piernas,
el bosque de tus ojos
quemándose en silencio;
cuerpo donde sepultas
orífera la llama
del mediodía. Toco
el pulso de tu sangre:
dos ríos que se cruzan
de la noche hacia el día
en un morir sediento.

1

Mis vértebras son las liras
mordaces con que me arrojo
al bravo centro del ojo
de la visión que transpiras.
Aquí en mi plétora giras
como un huracán violento:
fíjame, acero sediento
al espacio destinado,
floreciendo en el costado
de mi viril tegumento.

2

Dame la gran magnitud,
las coordenadas del beso,
la distancia del exceso,
la dádiva en amplitud.
Úngeme en la plenitud
de tu risa victoriosa.
El adalid de la rosa
donde fácil me despeño,
condúceme al raudo sueño
donde tu especie reposa.

3

Todo paisaje te añora,
toda música te increpa.
Bajas desnuda a la cepa,
Eva en la vid paridora.
Suave topacio que dora
tu cuerpo en su fuego oculto,
tu sensualidad de insulto
para el templo de adorarte,
como una obra de arte
vuelve el deseo más culto.

CUERPOS, EMBARCACIONES

1

Tu cuerpo es el navío de un obcecado viaje,
un maderamen vivo para zarpar en ascuas,
hasta bruñir la nada despacio tras tus pasos
con una estela que arde callada en la locura.

Desde tu cuerpo el mundo quiere partir contigo,
arca de lo terrestre, anhelado habitáculo:
las jarcias de tus muslos fijan ensoñaciones,
rumbos a lo cantábile, arenga de la noche.

Sirgan con voz de mar las pautas de tu vientre,
velamen para el beso, espuma desmedida,
abrevadero o playa donde encallar los labios;

donde comer los frutos como una ofrenda que abre
columnas en lo oscuro. Incinerada costa,
condúceme al naufragio donde el amor no cesa.

2

Donde el amor no cesa,
vector que nos redime,
cauce para encontrarnos,
ríos en la mañana.

Áncora que se hunde
en las profundidades

donde pensar tu cuerpo,
puerto que nos rehace.

Mudas sirenas cantan
por los acantilados,
van derramando dentro

de ti, pecio del alba,
mi nombre silencioso
bullendo al infinito.

3

Cruzar de la embestida del vórtice a la calma,
viaje que alienta el fuego;
sima de amor, mi cima;
asedio en las arenas que nutren mi memoria.

Tálamo al horizonte:
nos acostamos en los lirios de un verde valle,
más verde en la locura,
oasis para hallarnos la sed de somnolientas

aguas, destiladeros
de alcohol de noche y risas,
alambiques sonoros que bajan de tu sexo.

Hacia la vid ordéname,
líbame en el país de tu animal desnudo,
condúceme al naufragio.

4

Condúceme, condúceme,
arpegio de tus brazos,
violines de una fuga,
mástil de eternidades.

Las musicales notas que ensayas en tus senos,
jadeos como seres dentro de la esculpida
nave de la victoria, de acero y destrucciones,
llegan como capítulos al borde de tu ombligo.

Tu cuerpo es el navío
hacia algún lago prístino
con una escala de aguas,

con ojos y con sílabas,
para leer lo escrito en el agua de tus ojos,
los nuevos derroteros del día tras tus pasos.

Más allá de tus ojos,
tus cabellos, tu piel,
la redondez del rostro
sereno con que miras
el día que se esfuma
y la noche, los astros
como objetos dispuestos
en la mesa del mundo:
hambrienta tú los miras,
más allá de tus ojos
arder bajo la sombra
tranquila de tus pasos
y despertar cuando ya el alba
se ha dormido en ellos.

ORIGEN

Escrito está en mi alma vuestro gesto...

I

Heme vuelto al origen donde mudo
las sílabas se queman en la llama
de tus labios, donde tu piel proclama
la palabra que intento, aquí, desnudo,
sin palabras, sin versos, solo acudo
al sentido y la música que exclama
el inicio en tu vientre, me reclama
el fervor de este líquido que sudo.

Heme vuelto al principio y la justicia,
y a la sabiduría y el deseo
de tu cuerpo, tu sexo que me oficia
en el silencio amado, siempre presto
a la expansión del beso: soy ateo
viendo crear el mundo con un gesto.

II

Con mis manos calculo el presupuesto
que se gasta en tus senos, solo leo
la palabra que escondes, voy dispuesto
a silenciar mi vida en la estulticia,
la ingenuidad que funda lo que creo,
mi sed, mi nadería, mi pericia.

Heme aquí en el origen, yo os saludo
pliegues que caen del borde de la cama,
hilo que teje el mundo, fina trama
de cabellos y dedos, y el menudo
ombligo donde el centro ciego eludo,
y en un gesto me ordenas en la llama
silenciosa del beso que me ama:

Tú has escrito en mi alma y yo estoy mudo.

Solo, completamente
solo, estoy contigo,
mirándote pasar
desnuda entre las llamas.
¿Acaso eres real
como las tardes? ¿Eres
como las aves; cantas
antiguas melodías
al oído, remotas
músicas de fuego?
¿Como la lluvia esparces
tus cristales de sangre?
¿Cicatrices de fango,
flores muertas, otoño?
Por el vasto camino
de tu vientre de estrellas,
piso cadáveres de sol
y semen diluidos:
en tu ombligo la noche
como un lucero cimbra
su agua inmóvil.

CODA

Hermosa compañera, todo te lo mereces...
Roberto Manzano

Todo te lo mereces, hermosa compañera,
que vienes a mi vida para encender lo bueno,
surgiendo de lo bello de aquel profundo seno
de la tierra y el fuego y el aire, el agua que era
una fuente sonora que mi silencio hundiera;
hermosa compañera, que hacia la fuente creces
por más música y ríes y nunca desfalleces,
no cesas en tu lucha, materia inexorable,
por arrancarme, mudo, todo lo deplorable,
hermosa compañera, todo te lo mereces.

Te lo mereces todo, compañera del canto,
que vienes a mi vida para enterrar el odio,
te elevas en mi sangre como en un alto podio,
arquitecta del bien, celadora que al tanto
de mi vida estás, me sostiene el duro acanto
que construyes, belleza, capitel sobre el lodo
del mundo; y te elevas, mujer, buscas el modo
de salir a lo bueno, sustancia inmarcesible
que sube hasta mi alma, todo lo haces posible,
compañera del canto, te lo mereces todo.

VISIONES

EN LA PLAYA

A Kenlee Armán Castro

I

El ritmo de la luz anaranjada de la playa
en la mesa dispuesta con el café reciente,
el balido de Dios en la mañana, esos versos
donde Cristo detenta las alturas del cielo.

Aquel poema de Apollinaire, su risa
como el alcohol ardiente que se apura en las noches
y me despierta ahora que el sol rompe sus vasos
contra el batiente azul de mi sonrisa, aquella
epifanía de la luz y el café
como un juego perpetuo donde beber la vida.

II

En la tarde nos íbamos al mar
y sobre nuestras cabezas se cernían
las luminosas nubes, los invictos
relámpagos, las olas turbias que eran
como peces huyendo entre nosotros.

Aquel cielo de enérgicas moradas
y en una de ellas el perfecto reflejo
de nuestros cuerpos en el agua, como
anhelando bajar entre la lluvia
a golpearnos el rostro ¡tan incrédulo!

FLOR

A Rafael Almanza

Recuerdo aquella tarde en tu jardín,
leía a Yeats,
un poema en que cantaba las glorias de la noche
en la ciudad antigua de Bizancio:
las imágenes impuras del día se han dispersado…,
—decía algún verso,
y el café era la entrada a aquella noche silenciosa
cuando callada ya la soldadesca
se escuchaba el rumiar de los hombres, como yo,
noctámbulos.

Pero ahora era de tarde y llovía.
Como una catedral se oía el coro de las hojas.
Era de tarde y la lluvia,
proveniente del mar de otra Bizancio
incendiaba las cepas de las plantas.

De pronto frente a mí
se alzó la flor del platanillo
y comprendí aquel fuego en la ciudad dorada,
el frenesí del humo y de la sangre.

FRENTE A LA JOVEN

1

Retrato

Si pudiera poseer esa sustancia tuya
para mirar al cielo ¡Esos
fastos de tu rostro! Tu alegría
o el júbilo apacible de tus ojos.
Como un leño fulgente
tu sonrisa.

Esa sustancia que proviene del Reino
innombrable,
los turgentes de oro del crepúsculo
bañándote los párpados de un cegador fulgor.

¿No es cierto que mientras más adentro
estás del Rayo,
completamente encandilada, como ahora,
el Rostro verdadero se revela?

Y esa paz, esa paz de tus gestos,
¿no es una prueba de que el anhelo existe
inmóvil en el alma,
o en movimiento con la luz inapresable
donde habita el espíritu?

Esa sustancia, en fin, que nos posee,
—idéntica al Amor—
está dormida en el sediento de la cruz
como un vector nutriéndonos.

2

¿Has visto el mar...

¿Has visto el mar,
la vastedad del mar ciñendo nuestro espacio,
el emblema terrible de las olas?
¿Has presenciado ya la augusta calma
en que se anuncian las tormentas?
¿La fuerza con que Dios destruye sus creaciones?

Tú los has visto, y sin embargo
quieres creer que el mar es un misterio de las
Escrituras, como el Espíritu,
que aleteaba en las aguas primigenias
de un mar inexistente.
¿No oyes, sorda,
el aletear del Verbo
en las aves que cruzan el espacio,
y el tiempo que se pliega en las arenas
de las playas del mundo?
¿No ves que Dios es aquí la plenitud
y el caos que la concibe?

Mientras tanto me miras, Juana de Arco,
con tu legión de crísticos ejércitos,
tu fuego de palabras, tus versículos
que no son tuyos, Juana de México,
sino de alguna noche en la que el angelus
trajo buenas noticias de sus obras;
y el huracán barre las tablas de mi casa
y el lomo en las Sagradas Escrituras.

3

Credo

¿En serio piensas que me apago?
Piensas que soy otro rescoldo,
una piedra de toque en las orillas,
un recuerdo del fuego.

Ves en mi alma las cenizas de alguna débil llama
que se ha extinguido en el estrépito del cielo,
porque una supernova, una estrella de Dios, ha
muerto al fin
y es luz su carne y su metal es polvo
estallándonos dentro, en la remota oscuridad
de nuestras noches.

Pero la zarza, dime,
¿no es una llama inextinguible
comunicando el imposible de su Ser?

Creo en el fuego de ese Ser que nos arrasa,
en la violencia del Amor quemándome.

TEMAS DEL ESPACIO

1

Quién pudiera remontar, de pronto, aquel espacio,
así sin más, de golpe, sin las tecnologías
del odio y el dinero, y a las postrimerías
de la galaxia ir, armado de topacio.
Quién pudiera vencer el halo que despacio
se extiende por la esfera como las celosías
adonde el sol no llega, aquellas averías
del gélido zafiro, azul con que me sacio.
Y quién atravesara por fin esos anillos
que la materia curva para obtener los brillos
iluminando el astro de una orbitada danza.
O en la pulsión del viaje llegar a los oscuros
huecos del Universo, tensar los bordes puros
y descubrir el centro, cuando la luz no alcanza.

2

Dime: ¿aceptarías todo?, hasta escaparte
del planeta que no te admira, del que no eres
sino un escupitajo de la Creación, y a Ceres
¿te marcharías? Dime: ¿a la órbita de Marte
llevarías tu cuerpo, tu blasón y tu arte?
¿O esperarás la muerte por extinción? ¿Prefieres
el peso del planeta soportar con sus seres
y el desprecio del prójimo cuando anuncies quedarte?

¿Renunciarás al fuego de la era tecnológica
por abrasar la llama de una dación ilógica
que borre los errores de la modernidad?
¿O dentro de aquel fuego te quemarás? El mundo
tan frágil es que acaba segundo tras segundo.
Solo en tus manos cabe toda la eternidad.

3

Poder ir hasta Encélado, la luna de Saturno,
ver los atardeceres surcados por la elipse
de la Creación, el número de Dios en cada eclipse,
los infinitos astros en el cielo nocturno.
Los géiseres de vida donde turgente pulsa
la alegría de ser de la Creación ungidos,
febriles del contacto, del hallazgo que impulsa
la semejanza ahora, lejos de Dios, perdidos
llegar hasta Titán, sus ríos de metano,
¿albergarán un día la orquídea extraterrestre,
la forma de los lirios, y la heliconia alpestre
inundará otro cielo con su terrible arcano?
Lejos de Dios, perdidos, despertar en el alba,
desiguales y próximos del centro que nos salva.

ÓLEOS

Escenas

I

Mi ojo, hinchado del vigor de la belleza
aún no despierta. Dormido en el asombro sueña
con músculos que bajan, y raptos del color
apacentado por la forma. De la pesada cruz erguida
la grácil carne esplende. Los desgarrados miembros
portan la liviandad amadísima del sueño. Sereno
no ha sufrido. Su pena se ha expirado en el añil
del fondo. Mi ojo capta ese añil disperso por las
túnicas que aman,
que sufren y que aman, porque han visto con los ojos
vivaces
el camino a los cielos, e incrédulos contemplan
tu mortecino cuerpo caído en el Amor.

II

Los cirios, los apóstoles, las cabezas llameantes
de las mujeres y de los elegidos para la hora
del cuerpo, para el lamento de tus miembros extendidos
reconquistando, no la totalidad, sino el sinfín
alzado por los ángeles en una madrugada. La llamada
"Lamentación (Mañana del Cristo)", que sucede
en una bruma toscana,
en un cielo que aguarda el descendimiento
de tu cuerpo, el sollozo de Ana y de María, y de María
Magdalena, que te baña el rostro con sus lágrimas,

y el azoro de Pedro y de Juan, la honda tristeza de Juan...
¿Pretende encandilarnos los ojos esa bruma? ¿Esos
oros cándidos quieren incendiarnos los ojos?

III

Y la noche de oro en que Giotto pintaba la Asunción
con ángeles de halo relampagueante y canto
desleído, como el metal bullendo un son dorado.
Del árbol de la virgen, suaves ramas
de oro, quietas estrellas que anunciaban su viaje.
Si miras bien, ¿no oyes? El óleo grita,
el aceite madura en la semilla y rompe el velo
trazado por la noche florentina. Entreabren sus bocas
y brilla el verbo detenido, su gesto se ilumina
como un sueño o como el avanzar en lo profundo
de los fondos marinos. En los escorzos de los ángeles
un vector amoroso alienta el vuelo, impulsa el día,
la mañana en que Dios, inmenso halo del centro,
extiende su corona
y todas las parábolas se esclarecen de pronto, y llenos
del Espíritu nos quedamos con ese entendimiento
que presiente la huida hacia una eternidad en la belleza.

RECUENTO

La mañana en que Dante contaba nueve años de su vida,
los ojos juveniles de Beatrice fulguraron de pronto como un rayo,
no la corona caída de la testa de Adán Kadmon,
ni el fruto envilecido por la sierpe,
fue simplemente, la expulsión amorosa de otro reino,
la muerte de la infancia y la inocencia
por el descubrimiento del amor.

Tal vez nunca más viera a Beatrice,
ni la joven de fulgurantes ojos retuviera la imagen del poeta,
tal vez sus huesos, roídos para siempre sabe dónde,
no temblaran al verle, ni su belleza fuera
otra ilusión más bella que la de los poemas.

Quizás muriera antes de tiempo,
como a veces, inexplicablemente, a algunas criaturas le sucede,
y, a fin de cuentas, ¿qué es el tiempo?
Lo peor de todo es ese indecible azar
por el que Beatrice aparecía,
o también, mal que nos pese,
el mismo azar que la llevara a los brazos de otros hombres,
tan cercana de todos y tan lejos
de los abiertos ojos de Alighieri.

Mientras tanto el Amor
mordía la fría oscuridad de las tinieblas,
ardiendo eternamente en los conspicuos labios de Francesca.
Los griegos, inventores del ágape y el filos,
se quemaron por igual en el tormento inicuo.

También los hombres que elevaron su ruego
sintieron el calor, la plenitud devoradora...
Solo Cristo pudo alcanzar la unión del Alma y el Cuerpo
abrasado en la hoguera de su Ser.
Solo sus seguidores pagaron con locura esa extinción sagrada.

Ahora que por fin la supernova estalla sobre nuestras cabezas,
y se ciernen los astros como abatidos por el sueño,
buscamos la galaxia que nos salve del odio,
el Paraíso del Amor inexorable, inmarcesible,
mientras el fuego arrasa nuestras cosas amadas.

LA PLEGARIA DEL FUEGO

Leyenda del dios de la porcelana

Si cubrieras mi boca con almendras de la hora encendida,
para que, al fin, ya solo, pueda abrazarme a este silencio
y responderme, frente al espejo mudo de mi esencia, ¿qué soy?
¿Acaso soy? ¿Existiré aún, sin poder ejercer este dominio
que como un dios me arrasa? Sin poseer el canto, la voz terrible
de tu fuego. Y aún sin escuchar respuesta te hablaría,
¡oh columna de humo de mis noches! He puesto a arder mi vida
como una almendra frente al fuego. Mi alma es como esa fruta
que cerrada y dura, ha de dejar la piel, y hasta la carne,
por quemarse entera.
¡Ah, el sagrado alimento! ¡Cuánta sustancia
permanece aguardando
un apetito delicado! Un hambre como la del poeta
en los altares de la gloria.
¡Y el sabor, el sabor inmortal de esas semillas!
Yo mismo me ofrezco como un alimento, ¡comed!
¡comed de mi alma, noches!
Que mi simiente hierva y se eleve el perfume de los sacrificios,
para que, en las cenizas, la piedra de mi hambre resplandezca
y sea mi imagen última grabada entre la arcilla.

¿Mi imagen? Alguna vez tuvimos una. Fue un tiempo aciago
en que Adán y Eva se disputaban los frutos de la Vida.
Un apetito distinto: el hombre devorando la simiente en sus costillas,
la mujer devorando las costillas de la humanidad.

Y de este modo la imagen fue quebrada y echada en el abismo,
donde una vez sobrevoló el espíritu y nacieron
los mares y collados
que hacen temblar el behemot y el leviatán.
Ahora mismo estoy parado frente al horno y contemplo
las visiones que me muestran los trozos de mi imagen,
desperdigados por el tiempo.
Cincel en mano las esculpo, voy teselando cada fragmento
de mi rostro, que conserva la cálida avidez de los comienzos.
¡Ah, noches, si pudiera hacer eterna esta fragancia!
El aroma de la piel chamuscada en los orígenes
y todo el oro y la sangre fundiendo nuestros huesos.
El sonido del agua de los ríos sedientos,
esperando al ahogado que haga brotar por siempre estas arenas.
Yo guardo bajo el paladar, en esta hora,
el sabor de aquel fruto primigenio.
Yo he visto, en esta hora, esas visiones,
y mi rostro ha palpado aquel vagido del espíritu
por el que acaso os hablo.

¿Quién alimenta estas vigilias? Mi alma se duerme en pleno día.
Como en la antigüedad, dormir era hermanarse con la muerte,
y ahora que mi alma despierta en la oscuridad nocturna,
viendo hermanarse el fuego con mi sangre, ahora que la pira
ha sido por fin llevada hasta la costa de mis sueños,
yo resucito, ungido de mis muertes solares,
transfigurado como un dios frente a la arcilla:
¡Ah, si después de conformar la luz y las tinieblas de estos días,
hubiese sido el elegido de los astros para crearos!
Yo moldearía el barro con mis manos y te hundiría los ojos,
semejante mío. Te sembraría el pecho de visiones,
y en la simiente, aún palpitando, te formaría como la estrella,
para que al extinguirte estalles recomenzando todo,
y un universo nuevo dejes tras tu muerte.

Porque has visto la lluvia matinal, ¿no le has oído acaso
al inefable dios el aullido del agua en las cenizas?
Esta lluvia que cae sobre mi corazón como un rescoldo
de los cielos.
Porque mientras dormía, he soñado con ángeles de esperma
incinerados por el fuego. Ahora es tan solo el renacer de tu aliento
con la aurora,
salvaje y fresca, como una peonía. Antes, la noche fría
me quemaba,
y ahora este incendio temprano que me hiela la sangre.
¡Sí, llueve! Incluso dentro de las tumbas,
en la hora, aún sin luz, de la mañana.

¡Llueve! Apaga todo en esta urna.
Los obreros llegarán cuando el sol haya ascendido
sobre la tierra nueva. Mientras que allá a lo lejos,
otros astros más formidables que este aguarden el vagido de la luz,
sobre la tierra renacida los obreros encenderán el horno.

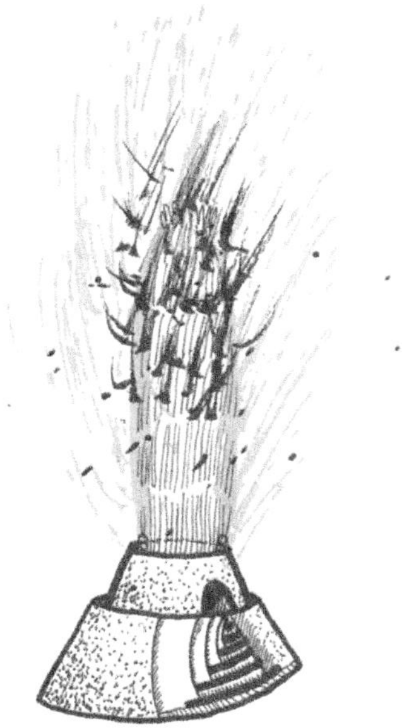

COROLARIOS

Primero que la luz fue la palabra
escindiendo las sombras en un giro,
el alígero soplo que en la estatua
anticipa lo eterno: un agua inmóvil.
En el centro, el abismo de la noche,
su mandíbula helada engendra el mundo.

Despacio abre los signos de las aguas,
el líquido que arriba, abajo, dentro,
se expande como un cielo, aislada forma
donde habitar los días, las moradas
de sangre y oro en la espiral dormida.

Como un espejo el mar, el agua viva
de qué galaxia azul se habrá caído,
y la tierra quebrada por la espuma,
¿era un vasto desierto en la memoria?
Fue el primer fruto de la sal, las hierbas
comenzaron a arder en las semillas
y fue una fiesta ya: la primavera.

Todo era noche inhóspita hasta entonces
y existía una luz como amueblada
por las manos que urdieron la penumbra.
Se hizo un rescoldo el hálito apagado,
—una hoguera quemada por los siglos—:
en elipses de fuego fue el espacio
tendiéndose en el tiempo hasta ser uno.

Tú dijiste: "el espíritu aleteaba..."
y fue una forma la que oyó tu grito,
sobre las mudas aguas detenidas
el polvo al fin surcabas luminoso.
El coro de las aves en la aurora
y la escama plateada de los peces,

el leviatán y el ictiosaurio, que eran
monstruos de luz, hechos de entraña y ala.

Pero tu semejanza, ¿dónde hallarla?,
perdida en tanta bestia, en tanta mole
de cielo y mar y tierra, en el espacio
donde una estrella vaga mira al hombre
creado por el polvo de qué estrella.
Y la mujer nacida en su costado,
¿es semejante a ti? Dime ya, noche,
extraviada en el tiempo y en mi sangre,
llena como la hoguera, de los cantos;
la raza del poeta que pregunta:
¿dónde? ¿dónde? ¿dónde? ¿Me soplarás
con ese aliento formidable, vida,
y me hundirás los ojos de visiones?

Desbórdeme en las aguas tu presencia,
cumplido de mí mismo, semejante,
con este verbo nuevo y nueva obra,
que me edifica el ser, la sed, el reino,
hasta llegar a ti, semana eterna,
para que al fin descanses en mi alma.

VENI CREATOR

I

Espíritu

Por la tarde aulladora de cenizas
tu eco demudarás en la distancia
y dejará de ser tu voz constancia
ocaso del silencio que organizas.

Será bruma el olvido y altas brisas
se elevarán a tu intrincada estancia.
Tu aliento haré de sueño y dulce infancia
para agenciarme el verbo que precisas.

Para incendiar la lámpara que avivas
del centro de tu ser hasta mis ojos
la lumbre del Amor será encendida.

Yo agrandaré mi espacio a tu medida
y aceptaré ser rico en los despojos
para que en la Candela sobrevivas.

II

Música

Galaxias de mi voz, loor del día,
voy contra las rompientes de la albura,
midiendo con tus riscos mi estatura
y en tus descansos firmes mi agonía.

Expulsaré de mí la felonía
para lograr la amada tesitura,
un himno será al fin la partitura
loable de la vida. Sinfonía

que llega a mis oídos derramada,
cayendo como un chorro de la nada,
sonido universal al que me fío.

Las cuerdas que esculpiste en el madero
hicieron el preludio verdadero
que convirtió en Amor tu poderío.

III

Estatua

Blanco pulverizado, mármol ciego.
Muda ascensión al aire de esa grana.
Ruinas que son la luz que nos emana
entre un silencio y otro de tu ego.

Ciudad que reconstruyes cuando llego
para poner en limpio mi alma llana;
polvo que con el agua el fuego hermana
girando entre tus manos como un juego.

Suave transfigurar de cieno a arcilla
y de voz baja a grito en las alturas.

Descenderá tu aliento a la amarilla
carne del nacimiento, las maduras
horas irás surcando en mi costado
y al mármol ciego iré pulverizado.

IV

Alba

Venga a mi rostro el día y su labranza
del existir que embiste esta mañana.
Por sus senderos fúlgidos la vana
sombra del pensamiento alegre danza.

Espacio libre al fin, hábil templanza.
Mis músculos cayendo en la temprana
sorpresa de la luz. La filigrana
dorada de tu voz mi oído alcanza.

Milagro que en mi cuerpo tú defines.
Todo sentido en música pensada
cambia con la espiral de tus violines.

La rosa es rosa y cifra musitada
que acoge el rojo de tus venas puras
y el son del pensamiento que inauguras.

V

Zen

Ven a besar mi pensamiento, exclama
en el jardín tu verbo resumido,
la suave llama de tu ser derrama:
espíritu en la piedra adormecido.

Guijarros de un ensueño detenido
de círculos y cúspides, la grama
que en dedo o en bifaz has proferido,
para mirar lo eterno te reclama.

Jardín hacia tu reino conquistado,
cuerpo que multiplicas en la greda
ilímite, rumor enamorado

y pensamiento que en tus labios queda,
se extienden en la tarde como seda
para lamer el musgo en tu costado.

VI

Ojos de caminante en delirio...
P. Celán

Puedo volver de nuevo hacia la altura
con solo transitar la suave recta
que me conduce a ti, la siempre abyecta
caída en tu principio de escritura.

Puedo adorar tu imagen, la figura
que en mi cuerpo y mi mente se proyecta,
y desafiar tu geometría perfecta
volviendo a mi imperfecta curvatura.

"Ojos de caminante que el camino
desfigura en delirio trastornado"

Pulsión de oscuridad que en el costado
de la vida florece, dulce vino
que me escancias, dador de mi destino,
en la recta que va rumbo a tu lado.

APUESTA

No la apuesta, Pascal, que tú señalas,
sino esta tarde gris, la lluvia ansiosa
cayendo tan salmódica y grandiosa
en mi elección. Oh, Blaise, le sobran alas

para caer de su infinita altura!
Ese cielo tan gris que es la ganancia
de tu apuesta final. La lluvia apura
por golpearnos el rostro. Elige el ansia

y olvida lo demás, nada es tan bueno
como esa nube enérgica que emana
un agua milenaria sobre el heno.

Paráclito aguacero y pascaliana
ruleta de la vida, donde juegas
oh espíritu, oh azar, oh apuesta a ciegas!

ASPERGES ME

Mi aridez no es, Señor, como la tuya,
que haces llover hasta quebrar las cepas,
no es como una estación, como el otoño,
que en otra lengua llaman "la caída".

Yo no doy flor, ni fruto, soy un arduo
desierto donde claman otras voces,
otros seres distintos de mi ser,
tal vez idénticos a mí en lo árido.

Y tengo sed, Señor, soy un sediento,
tal como tú sobre la cruz un día:
no soy de esa madera de la cruz.

Mis ojos carcomidos, mis pestañas
quemadas de mirar, son tus creaciones:
quiebra mis ojos, Dios, ¡lávame el rostro!

RECADO

Para Francis Sánchez

He aquí que has anunciado que todo es inocente,
que la palabra escapa de su primera casa,
se escurre por las piedras donde la vida pasa
como un río traslúcido manando de su fuente.

He aquí que la parábola pronuncias, el torrente
de los significados el corazón arrasa,
y la sangre que mana de la vida nos tasa
el peso del madero junto a la zarza ardiente.

Pero ha quedado roto por fin aquel pesebre,
la zarza hecha cenizas ha ido a parar al agua
y la cruz, carcomida, fue el leño de algún fuego.

Agua, fuego, cenizas, mi corazón celebre
la inocencia que escapa y en la sustancia fragua
los altos sacrificios donde mi cuerpo anego.

ECLESIASTÉS

—Sapiencia mía:
ilumina mis noches como estrella
que apagándose al fondo de mi ser
cava por luz más honda, en los imanes
de la vida sostenme, amada ciencia
que equilibras el hambre y el tesoro
de la vida real: mi edad te ofrezco
y mi júbilo siempre, cirio dulce,
para que quemes todo y como el ave
renazcas de mi cuerpo hecho cenizas.

ÍNDICE

TÁLAMO

VISIONES

COROLARIOS

En honor de la Virgen de la Luz

Made in the USA
Monee, IL
11 September 2026

62770616R00080